KB010081

기후정의선언

COMMENT NOUS ALLONS SAUVER LE MONDE :

Manifeste pour une justice climatique

Notre affaire à tous, by Judith Perrignon & Marie Toussaint

Copyright © Massot Éditions 2019

Published by special arrangement with Massot Éditions in conjunction
with their duly appointed agent 2 Seas Literary Agency and co-agent
Greenbook Literary Agency.

Korean translation copyright © Manongji Books 2020

이 책의 한국어판 저작권과 판권은 그린북저작권에이전시영미권을 통해
저작권자와 독점 계약한 마농지에 있습니다. 저작권법에 의해 한국 내에서
보호를 받는 저작물이므로 무단 전재와 복제, 전송, 배포 등을 금합니다.

기후정의선언

우리는 실패할 권리가 없습니다

우리 모두의 일 Notre Affaire à Tous **지음**
이세진 옮김 | **조천호** 보론

MANIFESTE POUR
UNE JUSTICE CLIMATIQUE

마농지

일러두기

1. 원서의 주는 미주로, 옮긴이의 주는 각주로 처리했다.
2. 별도 페이지를 두어 발췌, 강조한 부분은 원서의 체재를 따른 것이다.
3. 책 제목은 『 』로, 논문과 보고서 등의 제목은 「 」로 묶었다.

차례

저 소리를 귀 기울여 들어보세요. 듣지 않으려 해도 듣지 않을 수가 없을 겁니다. 이는 우리 예상보다 훨씬 더 빠르게 빙하가 녹아내리는 극지방이나 생명이 꺼져가는 심해에서만 일어나는 일이 아닙니다. 폭풍이 연신 으르렁대는 소리에, 들판에서 새의 노래가 들리지 않는 봄의 침묵에, 걷잡을 수 없는 큰불에 잡아먹힌 나무들의 단말마에 귀를 기울입시다. 물에 잠긴 마을들의 비탄에, 공해에 찌든 도시에서 병이 든 아이들의 기침에 귀를 기울입시다.

생각하지 않으려 해도 그럴 수가 없습니다. 모르려야 모를 수가 없습니다. 지구가 우리를 쫓아냅니다. 지구가 더는 못 버팁니다. 우리 존재가 지구에게는 지독한 고통입니다. 한 세기 동안 산업은 점점 더 빨리 달려왔고, 우리는 너무 많은 에너지, 너무 많은 자원을 차지한 나머지 오로지 우리 생각만 하다가 지구의 균형을 무너뜨리기에 이르렀습니다. 그래서 지구는 열을 내고, 으르렁대고, 미지의 상태로 넘어갔습니다. 지구의 또 다른 버전, 이미 우리 세계의 근간을 뒤흔드는 새로운 생태계를 향해 가고 있는 겁니다.

우리가 원하는 게 뭡니까?

이제 싸울 수밖에 없습니다. 우리는 희망의 노예입니다. 이것이 우리의 힘입니다. 이것이 우리의 위대함입니다. 인간의 역사는 지배와 압제로 점철돼 있지만 그런 것에 맞서 싸운 이들이 더 많다고 말해줍니다. 지구는 인간의 정념이 펼쳐지는 무대로서, 태양이라는 이름의 별 주위를 돌면서 우리의 낮과 밤을, 우리의 겨울과 여름을 마련했습니다. 지구는 생명이 움틀 때부터 우리를 맞아들였고 끝까지 우리를 품어주었습니다. 하여, 우리는 인류와 지구를 같은 것인 양 혼동하기에 이르렀습니다.

하지만요, 지구는 우리를 밀어냅니다. 지구는 모태입니다. 비록 우리는 이 사실을 잊었지만요. 모태를 보호할 생각은 꿈에도 하지 않고 말입니다. 우리는 모태에서 나온 일개 종種일 뿐입니다. 우리의 한평생은 지구의 한순간에 불과할 겁니다.

그러면, 우리는 소멸로 돌진하는 겁니까? 이대로 소진되나요? 아니면, 싸우겠습니까?

다시금 귀 기울여보세요. 마침내, 우리를 떠받치는 지구를 사람들이 의식하기 시작했습니다. 한시가 급하다는 것을 깨달은 사람, 우리와 우리 아이들의 발아래서 진행되는 카운트다운에 귀 기울이는 사람이 세계 도처에 수백만은 됩니다.

여기 신세대가 있습니다. 이들을 규정하는 것은 나이가 아니라 모든 것을 새로이 생각하는 방식입니다. 지구를 중심으로 짜나가는 일종의 거미집, 이것이 각성이요, 생명이며, 꽉 닫힌 미래를 심히 우려하고 부르짖는 젊은이들의 결연한 발걸음입니다. 대지와 몸뚱이를 병들게 한 이들에 맞서는 농부들의 고발이요, 마지막 남은 보호구역에서 들고일어나는 원주민 부족들의 힘찬 목소리이며, 마침내 선고를 내리고 자연의 권리를 인정한 법정의 판결입니다. 과학자들도 위험을 경고하고 여기서 벗어날 방법을 제안합니다.

지구의 수호자들이 과거의 대리인처럼 희화되던 시대는 끝났습니다. 그들은 오히려 미래의 대리인입니다. 우리가 마지막 세대, 세상에 주어진 마지막 기회를 잡은 이들입니다. 이 투쟁은 다른 투쟁을 폐기하지 않으며 되레 모든 투쟁을 포괄합니다. 지구의 예속에 맞서 싸우는 것은 지구를 지배하는 자들과 맞서 싸우는 것입니다. 우리를 지배하는 자들과 맞서 싸우는 것입니다.

진보라는 이 단어를 다시금 우리가 책임집시다. 진보는 인간에게 천년의 꿈이지요. 사람들은 종교를 믿듯 진보를 믿었고 진보가 영원하리라 생각했습니다. 그러나 진보는 투기의 제단에 끌려갔고 고갈된 세계, 참담한 세계, 노략질당한 세계, 전쟁 중인 세계만 남았습니다. 이 세계는 항우울제, 수면제, 아편에 찌들어 있고 운동선수에서부터 주식중개인까지 다들 약물에 의존해서라도 성과를 내기에 급급합니다. 염치 없는 소수의 부자들이 이 세계를 지배합니다.

각국 정부가 이미 오래전에 잊어버린 일반 이익을 구현합시다. 지구온난화의 공범들을 모조리 고발합시다. 그들이 상품의 포장만 신경 쓰고, 공식 연단에서 돋보일 궁리만 하며, 환경세만 내면 그만이라는 식으로 환경이라는 아름다운 대의에 대충 묻어가려는 행보를 용납하지 맙시다.

지구가 더는 못 버팁니다.
우리 존재가 지구에게는
지독한 고통입니다.

그러면,
우리는 소멸로 돌진하는 겁니까?
이대로 소진되나요?
아니면, 싸우겠습니까?

늦었습니다. 우리가 생각한 것보다 늦어버렸습니다. 1960년대 초부터 미국의 과학자들, 명망 높은 연구자들은 화석에너지를 이렇게 미친 듯이 쓰고도 괜찮을 리는 없다며 걱정스러워했습니다. 그들은 조사를 하기 시작했지요. 베트남전쟁에 반대해서 이미 들끓고 있던 일부 여론층이 이 문제를 이해했습니다. 1970년 4월에 지구의 날을 선포하고 '우리가 찾아낸 적은 우리 자신이다'라는 슬로건 아래 미국 각지에 집결한 사람만 해도 2000만여 명이었어요. 더는 말이 필요치 않았지요.

1972년에 매사추세츠공과대학의 연구자들은 경종을 울렸습니다. 성장을 멈춰라, 그러지 않으면 인간 사회는 무너지리라! 저 유명한 메도스 보고서 『성장의 한계*The Limits to Growth (in a finite world): A report for the Club of Rome's Project on the Predicament of Mankind*』에서도 연구자들은 그렇게 결론을 내렸지요. 그들은 방정식을 세우고 100개가 넘는 그래프를 동원해가면서 언제나 덩치를 더 키우려고만 하는 세계에서 인구, 토양, 공해, 산업, 농업이 어떻게 변화하는지 연구했습니다. 어떤 변수가 있든 결론은 확실했습니다. 우리는 자원의 고갈로 나아가고 있었습니다. 그다음은 당연히 몰락이지요.

메도스 보고서는 금세 반격에 부딪혔고 흡연과 암의 관계를 다루었던 연구들이 그랬듯이 의혹의 장사치들*에게 중상을 당했습니다. 어쨌거나, 어떻게 우리 세계가 끝장난다고 상상할 수 있겠습니까? 전후戰後의 폐허와 잿더미는 이미 옛일이 되어 있었습니다. 때는 영광의 30년**이었으니까요. 지구에서 서양의 부자 나라 쪽은 실로 호시절이었습니다. 그래서 재계, 정계, 미디어 권력층의 반응은 경멸과 조소뿐이었습니다. 그들의 시선은 석유파동의 영향에만 꽂혀 있었지요. 하지만 석유파동은 무엇을 말해주었나요? 다시는 그런 파동이 안 일어날까요? 에너지 소비가 폭발적으로 증가해서 수급량을 뛰어넘는 일이 없다면 모를까요. 경제가 과학과 손을 잡았습니다. 어쨌든, 중요한 일도 아니었습니다. 또 다른

---

* 나오미 오레스케스, 에릭 M. 콘웨이의 『의혹을 팝니다』에서 빌려온 표현. 담배 산업에서 지구온난화에 이르기까지 과학적 증거를 무시하고 기업에게 유리한 의혹을 팔아먹은 일부 과학자들을 고발한 책이다. 유강은 옮김, 미지북스, 2012.
** 제2차 세계대전 직후부터 시작된 고속성장기(1945~1975)로, 이 시기에 프랑스 가계 소비는 무려 2.7배나 증가했다.

유전이 발견되겠거니 했지요. 대지와 해저를 파헤치면 되지 뭐, 다른 데서 시추 작업을 하면 되지 뭐. 그러기 위해서라면 전쟁이 대수겠어요. 기온이 좀 올라간들 대수겠어요. 멈추지 않기 위해서라면 경제 위기가 아예 상수로 자리 잡은들 대수 겠습니까. 지구를 약하게 하는 것은 인류도 약하게 한다는 사실을 모든 자료가 보여주었습니다. 저항은 사그라들었습니다. 우리는 이미 시민이 아니라 소비자였습니다.

바로 그 무렵, 기업들은 국경을 뛰어넘어 덩치를 키우고 거대 그룹들이 권력을 쥐었으며 부가 소수의 손아귀로 집중 되었습니다. 이 강자들은 자기네들의 탐욕과 막대한 이윤 창 출에 아무것도 걸림돌이 되지 않도록 민주적으로 선출된 정 부 체제에 막강한 압력을 가했지요. 인간과 환경을 고려한 입법과 과세를 죄다 경제적 효율성을 앞세워 무력화했습니 다. 세상은 그들의 무대였습니다. 그들의 조세 회피 천국을, 모두를 엿 먹이는 그들의 몸짓을 보세요. 그네들의 지표, 그 네들의 통계 수치, 그네들의 주식 시세가 일기예보 못지않게 뉴스에서 한자리를 차지하게 되었습니다. 이후 수십 년은 기 나긴 규제 완화의 시간이었을 뿐입니다. 과거의 투쟁들은 와 해되었지요. 지구와 인간은 느리지만 확실하게 퇴락해갔습 니다.

아직 시간이 있었을 때가 정확히 이 무렵이었습니다만 정부들은 포기했습니다. 손을 놓아버렸어요. 그렇지만 과학자들은 계속 경고를 보냈습니다. 미국 과학자들은 자신들의 연구 결과물을 정부 기관, 석유 회사, 화석에너지 기업 등에 보냈습니다. 1980년대, 미국의 최상위 의사결정 단위에는 모든 사안이 상정되었습니다. 재생에너지 쪽으로 방향을 틀어야 했어요.

그러나 정부 부속기관인 미국천연자원보호위원회Natural Resources Defense Council, NRDC가 '화석에너지는 어떻게 대기를 돌이킬 수 없이 참담하게 변질시키고 지구온난화를 비롯한 여러 심각한 결과를 초래하는가?'라는 주제의 보고서를 올렸을 때, 당시 막 선출된 레이건 대통령은 어떻게 했던가요? 그는 다른 과학자들을 불러들였습니다. 석유왕, 석탄왕은 안도의 한숨을 쉬었고요. 다른 재계 거물, 자본주의자, 집산주의자도 점점 더 빠르게 고조되는 이 리듬을 바꿔야 한다고는 생각지 않았습니다. 인류의 안녕은 그렇게 물 건너갔습니다.

그후로 국가들은 극지방의 해빙, 기온 상승, 생물 멸종, 토양 고갈을 전혀 걱정하지 않는 것처럼 보였습니다. 1988년에서 2015년까지 온실가스 배출의 71퍼센트를 25개 공공 및 민간 기업, 그리고 이들의 자회사가 차지했습니다.[1] 이 소수의 기업이 산업혁명 초기인 1850년부터 기후변화에 관한 정부간 협의체Intergovernmental Panel on Climate Change, IPCC가 창

설된 1988년까지 인류 전체가 배출한 온실가스와 맞먹는 양을 배출한 겁니다. 기업들은 이러한 행위의 여파를 알고 있었습니다. 정부들도 알고 있었고요. 하지만 정부는 기업과 손잡고, 기업을 위하여 일했고, 기업을 우리네 국토 개발 사업에 끌어들였으며 우리로 하여금 플라스틱, 석탄, 석유로 연명하게 했습니다. 정부는 기업의 신탁 관리자로 전락했습니다. 정부가 공장식 농업과 축산업의 대부입니다. 정부는 늘 지정학적 지배 욕구를 채워주는 화석에너지 경쟁에 축복을 내렸습니다. 정부는 우리의 미래를 망치는 것을 은폐하는 주제에, 자기네 임기가 연장되면 우리 아이들의 미래와 평화가 보장될 거라고 떠들었습니다. 우리는 현실 부정 속에서 살아왔습니다. 우리는 종말의 언저리에 이르러서야 깨어났습니다.

1988년에서 2015년까지
온실가스 배출의 71퍼센트를
25개 공공 및 민간 기업,
그리고 이들의 자회사가 차지했습니다.

1850년부터 1988년까지
인류 전체가 배출한 온실가스와
맞먹는 양을 배출한 겁니다.

20분마다 종種 하나가 사라지다

우리가 이제야 깨어난 이유는 그동안 지구가 완강하게 버텨주었기 때문입니다. 역사적 자료들이 이제 도래할 최후의 세기에 대한 끔찍한 예측을 뒷받침합니다. 이 자료들은 예상되는 몰락이 2030년부터 시작될 거라고 했지요. 이제 거의 때가 됐습니다. 오래전부터 사막에서 외쳐왔던 과학자들이 더는 복잡한 도식이나 그래프를 들먹일 필요조차 없습니다. 이제 그들은 간단하게 말합니다. 몰락을, 파멸을 말합니다.

의문은 이겁니다. 인간이 앞으로 지구에서 살 수 있는 시간이 얼마나 남았을까요? 기온이 너무 높습니다. 이 추세로 간다면 앞으로 수십 년 후 프랑스 북부와 동부의 기온은 50도에 이를 겁니다.[2] 기억을 일깨우자면, 2003년 여름의 혹서로 사망한 사람이 1만 5000여 명이었습니다. 또 다른 예측도

나옵니다. 앞으로 30년 동안 해수면 상승으로 인해 10억 난민이 발생할 것이라고 하네요. 2100년까지 그 수는 20억으로 불어날 겁니다.[3]

우리는 대립을 향해 가고 있어요. 전쟁 말입니다. 더 말해 볼까요? 20분마다 생물 종 하나가 사라지고 있습니다. 미생물 수준에서만 그런 게 아닙니다. 사자의 개체 수는 절반으로 떨어졌습니다. 지렁이 개체 수는 80퍼센트나 줄어들었어요. 지렁이는 토양 오염에 배겨날 수 없었던 겁니다. 지렁이는 흙을 파헤치고 통풍을 시킵니다. 그래야만 땅이 비옥해지지요. 땅은 이제 숨을 쉬지 않습니다. 이 땅이 어떻게 우리를 먹여 살릴 수 있겠습니까?

인간이 알고 싶지 않았던 것, 그건 바로 인간도 일개 종에 불과하다는 사실입니다. 몸집이 크고 두뇌가 뛰어나기는 해도 인간이라는 종 역시 다른 종들과 함께해야만 살 수 있습니다. 우리가 몰랐던 것을 나무는 압니다. 왜 나무는 성장을 멈출까요? 나무는 저 홀로 숲이 되려 하거나 하늘을 침범하려 하지 않고 다른 나무들에게 자리를 내어줍니다. 그러나 인간은 주민 신분에 머물기를 원치 않고 자기가 주인이 되고자 했습니다. 인간은 어디에나 존재하는 전지전능한 자가 되었기에 더욱 위험합니다.

인간은 지구를 자신의 저장고로 삼고는 마구 끌어다 썼습니다. 인간에게 불빛이 필요하긴 합니다만 왜 그렇게 조명을 많이 켜는데요? 먹어야 산다지만 왜 배가 터지도록 포식을 한답니까? 차는 타고 다녀야겠지만 굳이 그렇게 빨리 달려야 할까요? 옷이야 입고 싶겠지만 왜 그토록 많이 필요한데요? 자연을 보호하는 것은 인간의 안락을 죄다 박탈하는 것이 아닙니다. 과학의 진보를 무시하는 것도 아니고요. 오히려 과학이 맨 먼저 경종을 울려주었지요. 자연보호는 인간의 비이성, 권력욕, 착취욕과 싸우는 것입니다. 오늘날 지나치게 비대해져서 죽어가는 인간을 인간 자신에게서 보호하는 일이기도 하고요.

인간은 자기가 승자인 줄 알았지요. 하지만 자신이 기대고 있는 한없이 작은 것을 보지 못해 패자가 되고 말 겁니다. 천식이 왜 생길까요? 불임은 왜 이리 많아졌을까요? 암은 또 왜 이리 많을까요? 세균들이 아수라장을 일으킨 게 아니라면 신체가 자기 자신을 공격하는 자가면역질환이 어디서 왔겠어요? 이미 우리 몸속의 균형이 무너지고 혼돈이 일어났다는 증거 아니겠어요.

우리가 몰랐던 것을 나무는 압니다.

왜 나무는 성장을 멈출까요?

나무는 저 홀로 숲이 되려 하거나

하늘을 침범하려 하지 않고

다른 나무들에게 자리를 내어줍니다.

그러나 인간은

주민 신분에 머물기를 원치 않고

자기가 주인이 되고자 했습니다.

자연은 그 자체로는 폭발적으로 증가하는 법이 없습니다. 자연은 공존의 영토예요. 우리는 그 점을 잊었기에 지금 여섯 번째 대멸종 위기를 맞닥뜨렸습니다. 다섯 번째 대멸종은 지금으로부터 수백만 년 전 공룡을 지구에서 쓸어갔습니다. 과학자들은 이 대멸종이 거대 운석과 지구의 충돌 때문에 발생했을 거라고 설명합니다. 앞으로 일어날 대멸종은 이전의 대멸종들과는 다릅니다. 원인은 외부 타격이 아닐 겁니다. 자살이니까요.

그동안 전 세계 정상들은 교체되었고, 이들과 후임자들은 끝 모를 상업적 협상 테이블에 모였습니다. 그들은 전년도에 정한 목표가 달성되지 못했음을 확인하고는 겉으로만 불만스러운 척했지요. 197개 국제연합 회원국 가운데 16개국만이, 지구온난화를 막기 위해 2015년 파리 COP21(국제연합 기후변화협약 당사국총회)에서 정한 대로 지구의 평균온도 상승

폭을 1.5~2도 이내로 제한하는 법안을 비준했습니다.[4] 프랑스는 세계의 거물들을 초대한 주인 노릇을 하느라 의기양양했을 뿐 이 16개국에 들지 못했지요. 프랑스가 취한 정책의 결과로 기온은 2.6도 상승하고 말았습니다. 유럽연합도, 미국도—그들이야말로 이상기후에 가장 큰 책임이 있는 강대국이건만—16개국에 포함되지 않았습니다. 그리고 '모범생' 16개국으로 말하자면 그중 몇몇 나라는 자기네가 정한 법도 지키지 않을 게 뻔해 보입니다. 캐나다만 해도 가스관 건설, 오일샌드 개발을 거리낌없이 계속 추진하는 중이지요.

그러는 동안 프랑스는, 토탈 사가 크레타 원양에서 새로운 석유 개발권을 따내고 지중해에서 시추 작업을 할 수 있게끔 '경제 외교'를 실시했습니다. 거대 석유 기업은 기아나 해안에서도 특혜를 약속받았지요. 프랑스 정부는 또 해외 영토에서 몽타뉴도르 금광 개발 프로젝트를 적극 지원합니다. 러시아 광산 채굴 산업이 낳은 괴물, 다시 말해 아마존 생태계 한복판에 생겨날 거대한 구덩이와 시안화물 처리장을 지원한다는 얘깁니다.

그러는 동안 농약 회사들은 '식물보호기업연합'이라는 이름으로 뭉치고 정부와 공모하여 인간과 토양의 건강을 걱정하는 척했습니다. 남아메리카에서 공장식 축산의 사료로 쓰이는 대두 경작지 인근 마을들에서 태어난 기형아만도 수백

명에 달합니다. 더욱이 공장식 축산은 이산화탄소 대량 배출 요인 가운데 2위를 차지합니다. 그런데도 몬산토—지금은 바이엘로 이름이 바뀌었지요!—사의 대대적인 글리포세이트* 살포와는 아무 관련이 없다는군요. 유럽연합 회원국들은 2017년에 자기네 영토에서 글리포세이트를 사용할 수 있도록 다시 허가를 내주었지요. 2021년부터 프랑스에서 글리포세이트 사용을 금지한다는 마크롱의 대선 공약은 '무기한' 연기된 참입니다.

다국적기업들이 세계를 지배합니다. 석유 기업, 농식품 기업의 사업 규모가 웬만한 중소 규모 국가의 1년 예산을 훌쩍 뛰어넘지요. 인류의 대의는 이미 고려 대상이 아닌 지 오래입니다. 말은 알맹이가 없습니다. 환경의 권리는 정계와 재계의 타협에 달려 있고, 우리는 정치인들의 용기와 대담함이 얼마나 보잘것없는지 잘 압니다. 지속 가능한 개발이라는 말이 유행입니다만 너무 늦었어요. 그런 것이 우리를 구해주진 못합니다. 이미 50년 전에 검토했어야 했는데 그때는 비주류 생각에 불과했지요. 과감한 단절이 필요합니다.

두렵냐고요? 네, 두렵습니다. 하지만 적자가 두렵진 않습니다. 외국인이 두렵진 않습니다. 젊은이가 두렵진 않습니

* 몬산토가 판매하는 제초제 '라운드업'의 주성분으로 발암물질로 분류된다.

다. 가난한 사람들이 두렵진 않습니다. 저항이 두렵진 않습니다. 정부는 이 모든 두려움을 사회에 제안할 프로젝트가 없을 때마다 교묘하게 이용하지요. 우리의 불안을 이용해 표를 얻고 정권을 유지하려고 이 모든 두려움을 사람들을 분열시키는 수단으로 삼습니다.

이제 그딴 짓을 끝내야 합니다. 우리는 정부의 관성이 두렵습니다. 그들의 공갈이 두렵습니다. 뒤돌아보건대, 아직 시간이 있었을 때 손 놓고 있었던 그들의 무기력이 두렵습니다. 네, 두렵고말고요! 그들의 성장 염불이 이제 지긋지긋합니다. 그들은 우리의 고용을 말합니다. 하지만 우리의 삶에 대해서는 결코 말하지 않습니다.

온갖 산업이 잔뜩 헤집어놓고 떠나간 자리를 바라보십시오. 그 자리엔 노후와 실업만 남습니다. 그렇게 된 곳이 너무 많습니다. 그런 장소들은 거짓말을 하지 않습니다. 무엇이 보입니까? 중금속에 찌든 토양이 보입니다. 다른 지역에 비해 유난히 암 환자가 많은 노동자 가정들이 보입니다. 그들은 의료 혜택도 누리지 못하고 있습니다. 인간과 지구는 같은 팔자, 찔끔찔끔 죽어갈 팔자입니다. 그렇지만 인간은 지평선에 우뚝하던 공장, 꼬박꼬박 월급을 주던 공장을 아쉬워합니다. 공장은 물건을 더 싸게 만들 수 있는 먼 나라로 옮겨갔고, 그곳은 훗날 똑같은 함정에 빠지게 될 테지요.

산업의 시대는 모든 것을 분류해버렸습니다. 죄다 잘게 쪼개었습니다. 죄다 따로 놀게 했고, 죄다 흩어놓았습니다. 이 시대는 사람들을 화이트칼라, 블루칼라, 이쪽과 저쪽 노동자로 갈라놓았습니다. 심지어 인간도 온전한 한 사람이 아니라 (조립 컨베이어벨트에 배치하는 순간부터) 한 번 쓰면 그만인 손목 하나, 팔꿈치 하나로 잘라서 보았습니다. 이 시대는 인간을 소외시키고 탈구시키고 건강, 미래, 꿈과 철저히 분리했습니다. 그리하여 인간이 자신을 망가뜨리고 죽이는 산업 시설이 떠나는 것을 아쉬워하는 지경까지 몰고 왔습니다. 인간이 자연과 얼마나 분리되었기에 생태학이 인간의 투쟁이 아니라 소수 특권층의 투쟁이 됐을까요. 지배하려면 분열시켜라, 이건 아주 오래된 수작질이지요.

투쟁들을 다시 연결하라

그렇지만 사람들을 다시 일으키기 위해서 해야 할 일, 해야 할 말은 참으로 많습니다. 그들이 숨 쉴 만한 공기를 요구할 만큼 자기애를 회복시켜야만 할 겁니다. 그들에게 증오 아닌 다른 길, 다른 삶의 양식, 다른 담론을 들려줘야 할 겁니다. 주체들을, 투쟁들을 연결해야 합니다. 전쟁에서도 그렇지만 오늘날 기후재앙의 최전선에 내몰리는 이들도 결국은 가난한 사람들이기 때문입니다. 전 지구 차원에서 아주 뚜렷하게 보이잖아요. 가장 개발이 뒤처지고 공해를 적게 배출하는 나라들이 사막화와 해수면 상승에 제일 먼저 피해를 입습니다. 한 나라 차원에서 보더라도 명백합니다. 태풍이 불면 허술한 지붕부터 날아가지요. 토양이 고갈되다 보니 조그만 땅을 일구고 살던 농부들은 수확이 없어서 난민수용소에까지 내몰립니다. 인체에 유해한 업무나 정크푸드는 저임금노동자들의 몫이지요.

불평등의 극단적 대조는 의미심장합니다. 가장 열악한 형편에 있는 사람이 경제적 타격을 가장 크게 입습니다. 기후이상의 영향을 맨 먼저 입을 사람도 그들입니다. 이 사태는 상당 부분 부자들의 책임인데 말입니다. 전 세계적으로 최상위 소득층이 일으키는 공해는 최하위 소득층의 2000배입니다.[5] 프랑스의 경우 40배 차이입니다. 최하위 소득층의 50퍼센트가 온실가스 전체 배출량의 10퍼센트를 차지합니다.[6] 인류는 지구를 자기 입맛대로 재단하려다가 정신이 나가서 결국 자기가 조장한 불평등으로 오염시켰지요. 부자들이 나서지 않는 이유도 여기 있습니다. 그들은 난리통에 제 한 몸 빼낼 생각밖에 하지 않고 그럴 만한 도피 수단도 있지요. 이미 스위스, 미국 캔자스, 뉴질랜드에 핵 방공호를 건설 중인가 봅니다. 대양에 인공 섬을 띄우고 우주에 도피처를 만들려나 봅니다. 그들은 팔자가 사나운 인류를 저버립니다. 아니, 언제 마음 쓴 적이나 있었을까요?

그 결과가 이미 투표함에 있습니다. 이제 투표함에서는 오리무중에 빠진 시민들의 위험한 분노, 좌절, 절망의 냄새만 풍깁니다. 사회의 퇴보와 정재계의 권위에 농락당한 시민들은 타인들에 대한 혐오, 궁극적으로는 자기혐오에 사로잡혔습니다. 미국과 브라질에서는 투표장에 나간 시민들이 투기욕과 포퓰리즘으로 번들거리는 얼굴들을 권좌에 올려놓았지요. 그들은 기후변화라는 현실을 부정하고 지구에서 가장 공해를 많이 배출하는 재계 거물들과 협약을 맺는 정도로 만족합니다. 이것이 각국 정부, 그리고 정부에 돈을 대주고 민주주의를 무릎 꿇리는 거대 다국적기업과 은행 들이 맺은 죽음의 협약입니다.

2008년에 미국의 기후학자 제임스 핸슨James Hansen은 동료 연구자들과 함께 문명 발전의 조건을 유지하는 선에서 대기 중 이산화탄소 농도를 어느 선까지 참아낼 수 있는가를 연구하여 논문을 발표했습니다. 당시 우리는 이미 참을 만한 수준을 한참 넘어서 있었지요. 2008년은 서브프라임 금융위기가 터진 해이기도 합니다. 정부는 은행을 구하려고 난리였고, 은행은 거대 광산 그룹에 돈을 대고 있었습니다. 국가의 구제금융이 공식적으로는 우선순위였던 기후 문제의 긴급성을 고려했습니까? 국가가 우선순위와 투자를 새로이 정의하게 됐나요?

2015년 G7에 모인 세계 최강 7개국은 석유, 석탄, 천연가스를 옹호하느라 1000억 달러를 썼습니다.[7] 이듬해에 유럽연합은 공적 지원금 1120억 달러를 화석에너지 자원 채굴에 썼습니다. 같은 시기에 세계 35대 은행은 북극 지역과 심해의 석유 시추, 오일샌드 개발, 탄광과 화력발전소 건설, 액화가스 개발에 돈을 대기 위해 1150억 달러를 풀었고요. 기이한 지출의 연속입니다. 온난화도, 과거의 급조한 재정도 아랑곳하지 않고 자금을 집중한 것이지요. 이런 짓거리가 계속되고 있습니다. 맹목적으로요.

2017년에 프랑스 6대 은행은 화석에너지 사업 자금을 오히려 늘리고 재생에너지 사업 자금은 줄였습니다.[8] 영국에서 HSBC 은행은 기온 상승을 2도 이하로 유지하는 목표를 준수한다면 주가가 40~60퍼센트 떨어져 주주들이 손실을 본다고 보고했지요.[9] 지구의 온도를 낮추고 진정시켜봤자 이익이 없다는 건가요? 지구와 인간의 미래를 중심에 두어봤자 뭐하냐는 건가요?

우리는 그들이 무의미한 숫자와 어마어마한 돈에 파묻힌 채 추는 죽음의 왈츠를 보고 있습니다. 그건 경제가 아니라 폭정입니다. 폭정은 풍요의 약속으로 우리를 잠재웠습니다.

그러나 인류는 늘 폭정에 맞서 들고일어났습니다. 공장이 노예만을 원할 때도 인류는 사회권을 쟁취하려고 싸웠습니다. 인류는 보편 인권을 채 식지 않은 전쟁의 잿더미에 또렷하게 써 내려갔고, 해방 사상에 끊임없이 전율하며, 학살당한 원주민들의 탁월한 생존 능력을 긴 세월 동안 입증해 보였습니다. 환경보호는 이 투쟁들의 연장선에 있습니다. 생존과 연대의 행동이지요. 기후 문제를 제기하는 것은 평등을 지향하고, 부의 재분배를 요구하는 것입니다. 부단히 이어진 투쟁을 계승하고 확대하는 것입니다. 이게 마지막이라는 사실을 알고서요. 우리는 지구를 잃으면 발 디딜 데가 없습니다. 우리는 전부를 잃는 겁니다.

기후 문제를 제기하는 것은

평등을 지향하고,

부의 재분배를 요구하는 것입니다.

부단히 이어진 투쟁을 계승하고

확대하는 것입니다.

이게 마지막이라는 사실을 알고서요.

우리는 지구를 잃으면

발 디딜 데가 없습니다.

우리는 전부를 잃는 겁니다.

정녕 죽음이 코앞에 닥쳐야 깨어나고 이해할까요? 드웨인 리 존슨Dwayne Lee Johnson이라는 이름을 기억해야 할 겁니다. 존슨은 마흔여섯 살로 캘리포니아의 정원사였습니다. 그는 2018년에 몬산토-바이엘을 고소해서 샌프란시스코 법정에서 2900만 달러 배상을 받아내는 데 성공했습니다. 자신에게 발병한 림프종의 원인이 수십 년간 사용해왔던 제초제 레인저 프로와 라운드업 프로에 포함된 글리포세이트라는 것을 입증했거든요.

존슨은 이 거대 농화학 기업의 내부 기밀 자료, 즉 회사 측도 이미 오래전부터 제품의 발암 요인을 알고 있었음을 보여주는 연구들을 공개했습니다. 그는 승소했습니다. 하나의 판례가 나왔습니다. 현재 미국에서 유사 소송이 4000여 건이나 진행 중입니다. 하지만 존슨은 살날이 얼마 남지 않았으니 미래의 승리를 볼 수 없을 겁니다. 무엇보다, 두 자식이 커가는 모습을 볼 수 없을 겁니다.

　죄 없는 이들이 죽어야만 하는 겁니까? 자신의 땅, 마을, 물길을 산업의 탐욕과 악독으로부터 구하려다가 죽는 사람들이 있습니다. 그들은 말 그대로 살해당한 겁니다. 지구를 지키다가 죽는 사람이 매년 200여 명, 실은 이보다 더 많습니다.[10] 이중 절반 이상은 아직 개발되지 않았기에 탐욕을 부르는 땅 남아메리카에서 죽었습니다. 그들을 죽음으로 몰아가는 자들은 그들이 아무것도 두려워하지 않는다는 사실을 압니다. 정부, 광산 회사, 농식품 산업계의 다국적기업이 사주한 살인에 대해서는 수사도 이루어지지 않습니다. 우리는 생태주의 투사나 마을 지도자의 난데없는 죽음에 당혹해하지도 않습니다. 하지만 그런 사람들이 은폐될 뻔한 불편한 진실을 홀로 대변하지 않았더라면, 죽음을 사주한 자들이 그렇게 손에 피를 묻힐 필요도 없었겠지요.

　그들이 홀로 싸우게 해서는 안 됩니다. 우리가 달라집시다. 우리가 손을 잡고 인간들이 절대로 보려고 하지 않았던 문제를 해결합시다. 우리가 광고에 흠뻑 빠진 맹목적인 소비자 무리로 전락하고 관성에 찌든 나머지 로비만 성행하게 방치했던 문제 말입니다. 거울을 깨뜨리고 우리의 마지막 기회에 운을 걸어봅시다. 우리 모두 저항하고 깨어나 현실을 직시합시다. 음료를 빨대 없이 마시고, 쓰레기를 분리수거하며, 친환경 농산물만 사 먹고, 비행기보다는 기차를 이용하는 수준에 만족하지 맙시다. 개인 차원의 행동으로는 충분치 않습니다. 예고된 비극에 걸맞은 대응을 요구해야 합니다. 진정한 저항의 행보를 보여야 합니다.

우리는 신세대입니다. 기후 세대입니다. 어디 출신이든, 나이가 몇 살이든, 이번만은 역사의 좋은 편에 서는 것이 우리의 소명입니다. 대형 마트 판매대에 넘쳐나는 상품들이 살육에서 나왔음을 이해하는 것이 소비자의 소명입니다. 인간이 가한 손상을 보수하는 것은 인간의 소명입니다. 죽음의 곡선을 바로잡을 시간도 겨우 몇 년밖에 남지 않았습니다. 우리는 실패할 권리가 없습니다.

비공격조약

돌파구를 열었던 이들에게로 눈을 돌립시다. 농부 수만 명에게서 심각한 신장 질환이 발견되자 세계 최초로 글리포세이트 사용을 금지했던 나라 스리랑카를 보세요. 논농사는 차질 없이 이루어졌습니다. 소규모 농토에서 풀 뽑는 일은 그리 힘들지 않지요. 사라졌던 지렁이가 돌아왔습니다. 누가 제초제 사용이 금지됐다고 불만스러워했나요? 차와 파라고무

나무를 대규모로 경작하는 사람들이나 이윤 폭이 줄어든다고 툴툴댔지요. 100퍼센트 재생의 길을 맨 먼저 선택한 국가 중 하나인 코스타리카를 봅시다. 지금 코스타리카는 숲을 재건하면서 예상보다 더 빨리 목표를 향해 질주하고 있습니다. 등유 보조금을 폐지하고 사회보장 체제를 세우는 데 자금을 투입한 인도네시아를 봅시다. 이 국가들은 희망을 빚어내고 여전히 무슨 일이든 가능하다는 것을 보여주었습니다. 그리고 하늘도 쳐다봅시다. 오존층이 아물고 있어요! 1985년에 오존층에서 발견된 구멍은 엄청난 충격을 주었습니다. 1980년대 말부터 에어로졸과 탄화불소 사용을 금지한 덕분에 대기는 어느 정도 회복될 수 있었습니다.

지각地殼에는 이미 지울 수 없이 새겨진 것들이 있습니다. 하지만 지구 생태에 대한 우려가 전면에 불거질 때마다 자연은 이에 대응하고 되돌아옵니다. 뉴욕 먼 바다에서 한 세기 동안 사라졌던 혹등고래가 돌아왔습니다. 허드슨강의 수질 오염을 해결하려는 정책만 시행했는데도 이렇게 될 수 있었습니다. 태국의 저 유명한 마야 베이에서도 관광객을 막자마자 흑기흉상어가 다시 나타났습니다. 이런 예는 아주 많습니다. 동물과 식물의 응답은 생물학자들도 깜짝 놀랄 만큼 신속하지요. 자연은 인간에게 비공격조약 외에는 아무것도 요구하지 않는 것처럼 보일 정도로요.

법정도 마침내 이 협약의 조문을 작성할 준비가 된 듯합니다. 평범한 시민들, 여전히 산림은 푸르지만 불현듯 망가지기 시작한 골짜기 주민들이 고소를 했지요. 그러한 움직임이 2015년부터 시작되었습니다. 파키스탄 농부의 아들인 아슈가 레가리Ashgar Leghari라는 개인이 자기 나라 정부를 상대로 용감하게 소송을 걸었습니다. 그는 판사들에게 이미 수확을 망치고 있는 지구온난화를 고발하고 자기 부모의 생존권과 인간답게 살 권리를 호소했습니다. 파키스탄 연방 고등법원은 "국가의 무기력과 뒤늦은 대처"를 인정하고 기후변화위원회를 설치하라고 권고했습니다. 정부가 행동에 나서지 않자 고등법원이 스물한 명의 위원을 임명하기까지 했지요.

2년 후, 인도의 우타라크핸드주 고등법원도 개인이 고소한 사건을 다루면서 인도에서 가장 공해가 심한 열 개 강 가운데 하나인 갠지스강과 지류인 야뮤나강에 대하여 인간과 동등한 지위를 인정했습니다. 법원은 이 두 강이 힌두교에서 신과 같은 존재로 인정받는다는 점을 지적했지요. 그래서 이 강의 수질을 해치는 행위는 사람을 해치는 범죄와 똑같이 처벌받게 됩니다.

이듬해 콜롬비아 대법원에서 7~26세 시민 스물다섯 명은 삼림 파괴를 막고 기후를 보호하는 활동의 필요성을 인정받았습니다. 판사들은 5개월 안에 아마존 삼림 파괴를 중단하고 온실가스 감축 프로그램을 마련하라고 정부에 요구했지요. 같은 해인 2018년 네덜란드의 헤이그 고등법원도 기후 대책을 세우지 않고 자국 국민을 보호하지 않는 책임을 물어 네덜란드 정부를 고소한 886명의 시민과 위르헨다Urgenda재단의 손을 들어주었습니다.* 결국 여러 정당이 힘을 합쳐 선진국에서 가장 야심 찬 법을 제안하기에 이르렀지요. 2050년까지 온실가스 배출을 95퍼센트 감축해야 한다는 법안을 말입니다.

시간이 흐르고 사람들이 결단하는 가운데, 우리가 확인하게 되는 것은 무엇입니까? 이제 고소인들은 혼자가 아닙니다. 그들은 서로 모르지만 무리를 이루고 힘을 합칩니다. 세계 여러 나라에 사는 열 가구가 함께 유럽연합이 기후 대책을 세우지 않는다고 소송을 제기한 것은 사상 처음 있는 일이지요.** 그들은 가장 근본적인 권리, 즉 생존권의 침해를

---

* 2013년 네덜란드의 환경단체 위르헨다 재단과 시민 886명은 네덜란드 정부가 온실가스 감축 목표를 포기하는 등 기후변화 대응 책임을 소홀히 해 국민의 생존권을 위협하고 있다며 정부를 상대로 민사소송을 제기했다. 2015년 법원은 시민들의 주장을 받아들여 정부가 온실가스 배출을 줄여야 한다고 판결했고, 2018년 항소심의 결과도 같았다. 그리고 2019년 12월 대법원은 2020년까지 온실가스 배출량을 1990년보다 25퍼센트 감축하라고 최종 결론을 내렸다. 정부의 기후변화 대응 책임을 법적으로 물은 이 소송에는 어린아이부터 70대 노인까지 다양한 연령과 계층의 시민들이 참여했다.

** 2018년 5월에 포르투갈, 독일, 프랑스, 이탈리아, 스웨덴, 루마니아, 케냐, 피지에 사는 열 가구가 기후변화로 인한 전통적인 생활 방식의 파괴가 인권 침해에 해당한다고 주

고발했습니다. 대양과 국경을 뛰어넘은 공동 전선이 구축되었습니다. 세계 차원의 판례가 수립되고 있습니다. 보편적 양심의 흔적이랄까요.

도시들이 가담하고 있습니다. 도시들도 공해의 주범들을 고발하고 있습니다. 샌프란시스코와 오클랜드는 해수면 상승에 맞서서 방파제를 쌓는 데 만족하지 않고 다섯 개 석유 회사를 고발했습니다. 이 회사들이 오래전부터 탄화수소 연소가 기후에 치명적이라는 사실을 알면서도 숨겨왔고 인간 활동이 온난화에 미치는 영향을 축소하는 광고에 돈을 댔기 때문이지요. 미국의 두 도시는 이 회사들이 해수면 상승에 대처하는 각종 시설물을 건설하는 비용을 대야 한다고 요구하고 나섰습니다.

소송은 오래 걸릴 겁니다. 하지만 슈퍼 태풍 샌디의 여파로 200억 달러 상당의 피해를 입은 뉴욕도 두 도시의 뒤를 따르고 나섰습니다. 연이은 자연재해가 얼마나 큰 피해를 입히는지 실감했기 때문입니다. 뮌헨재보험Munich Re은 2017년 피해액을 3300억 달러로 추산했지요. 보험 회사의 배상액은 절반이 채 안 됩니다. 보험 회사들은 예고했습니다. "지금보

장하며 유럽연합을 상대로 소송을 제기했다. 같은 해 10월에 유럽 사법재판소는 이 건을 기각하지 않고 정식으로 검토하겠다고 발표했는데 환경운동가들은 이 자체가 고무적인 성과라고 보고 있다.

다 기온이 4도 높은 세계에서 일어나는 일은 우리가 보장할 수 없을 겁니다." 도시들은 지금까지 닥친 일에 대하여 손해 배상을 청구할 뿐만 아니라 기후를 보호하고 재앙에 대처하는 기금을 모으려고 합니다.

우리는 기후 세대입니다.
이번만은 역사의 좋은 편에 서는 것이
우리의 소명입니다.

대양과 국경을 뛰어넘은
공동 전선이 구축되었습니다.
세계 차원의 판례가 수립되고 있습니다.
보편적 양심의 흔적이랄까요.

물론 도시가 작고 가난할수록 승리는 힘듭니다. 아이티의 태풍 피해는 온전히 복구되지 못했습니다. 마치 가난이 이 나라 풍경의 일부인 것처럼 말입니다. 알래스카 키발리나는 앞으로 10년 안에 바다에 잠겨 사라질 것으로 예상되지만 이 마을 주민들의 소송은 각하당했습니다. 주민들은 거대 석유 회사 등을 상대로 이주비 4억 달러를 요구했지요.

수도와 거대 도시를 이끄는 사람들이 자신들의 법적·재정적 영향력을 총동원할 때 다국적기업들은 좀 더 고전할 겁니다. 프랑스에서 토탈 사는 열네 개 도시와 소송 중이고, 그르노블 시는 이 기업이 온실가스 배출량을 계속 줄여나가도록 압박하고 있습니다. 로비로 유럽 법원들을 꽉 잡고 있던 자동차 산업도 미세먼지로 고통받는 파리, 브뤼셀, 마드리드에 완전히 찍혀버렸지요. 이 세 나라 수도는 함께 손을 잡고 유럽 사법재판소에서 유럽연합 집행위원회를 상대로 싸워 유럽에서 일종의 '공해 발생 허가증'을 발부받은 건설업자들만이 사업을 시행할 수 있게 하려고 합니다.

이렇게 환경 문제를 두고 여러 기관이 서로 충돌하고 있지요. 이는 새로운 현상입니다! 이 기관들은 굉장히 오랫동안, 모든 단위에서, 한 덩어리로 꽁꽁 뭉쳐 이 문제를 외면해왔으니까요. 그 덩어리에 균열이 생겼습니다. 선출직 공무원들도 마침내 알게 된 거죠. 판사들이 재계의 전능자들에게 도전하기 시작했습니다. 얼마 전 리옹 행정법원은 '라운드업 360'의 시중 유통을 금지했습니다. 마르세유 행정고등법원도 칼랑크*에 보크사이트 잔류물을 배출한 알테오 사의 처리 지연 요청을 거부했습니다. 알테오 사는 조업을 중단하겠노라 밝히며 위협적으로 나왔지요. 고용을 볼모로 삼는 케케묵은 수작이 이번에는 통하지 않았습니다.

여론이 주목하면 기관들도 변합니다. 시민의 압박 없이는 어떤 변화도 오지 않습니다. 우리의 투쟁은 수준이 달라졌습니다. 유럽연합 안에서도 기후 대책이 가장 미비한 아일랜드를 상대로 들고일어났을 때 우리는 1만 5000명이었습니다. 그리고 지금 프랑스에서 이 세기의 사안L'Affaire du siècle을 두

---

* 지중해 연안의 바다로 둘러싸인 작은 만. 마르세유에는 칼랑크 국립공원이 조성되어 있다.

고 집결한 시민은 이미 200만 명이 넘습니다.*

우리는 순진해빠진 사람들이 아닙니다. 우리는 역사에 공허한 말로 남은 위대한 법칙과 훌륭한 선언이 얼마나 많은지 잘 압니다. 우리는 국제연합이 평화 수호에 실패했다는 것을 압니다. 그러나 이러한 법적 판결들이 쌓이고 여론과 정치인들이 깨어나면, 무기력한 숙명론이 자리 잡았던 곳에 다시 힘을 불어넣을 수 있습니다. 그러면 공해의 주범들도 두려움을 품을 것이요, 국제 협상에서 중요시되지 않았던 문제들이 비중 있게 다뤄질 겁니다.

다국적기업들의 우려만 보더라도 모종의 변화를 실감할 수 있습니다. 다국적기업들은 이제 중재라는 자구책을 취하는 수밖에 없습니다. 기업 변호사들이 널리고 널린, 비리가 만연한 세상에서는 그들이 법률과 일반이익을 피해 갈 수 있지요. 바로 우리가 목격해온 세상입니다. 여기서 잠시 2018년 9월 헤이그 국제상설중재재판소의 판결을 주목해야 합니다. 헤이그의 판사들은 에콰도르 헌법재판소에서 타당하게

* '세기의 사안'은 '우리 모두의 일'이 2018년 12월부터 그린피스 프랑스, 옥스팜 프랑스, 자연과 인간을 위한 재단과 공동으로 진행하고 있는 기후 소송·캠페인이다. 프랑스의 온실가스 감축, 화석에너지 소비 감축, 재생에너지 사업 활성화를 위한 법적 투쟁을 핵심으로 하며, 이러한 대책에 미온적인 국가를 상대로 소송을 제기했다. 2020년 10월 기준 230만 명이 넘는 시민들이 '세기의 사안' 지지 서명에 참여했다.

내린 판결을 뒤집었습니다. 요컨대, 한 국가의 사법기관이 부정을 당한 겁니다. 정작 그 나라 국민은 아무도 들어가지 않은 회의에서, 셰브론 사와 자회사 텍스코의 재정 이익을 고려한답시고 판사들이 그런 결정을 내렸어요. 에콰도르 판사들은 이 두 기업이 수십 년간 석유 폐기물 구덩이를 아무 대책 없이 자연에 방치하였으므로 3만 명 이상의 시민에게 배상을 해야 한다고 보았습니다. 해당 지역에서 채취한 토양 표본에서 검출된 수은, 납, 벤젠 농도는 경악할 만한 수준이 었습니다. 이러한 유해 성분은 수질을 오염시키고 식물군을 거쳐 인체까지 흘러들어 왔습니다. 하지만 이제 에콰도르가 이 배상을 책임지게 생겼네요. 이런 사례가 하나둘이 아닙니다. 국민에게 선택받은 정부들이 눈감아주고 무르게 굴었기 때문에 부메랑을 맞습니다. 산업 자본가들이 각국 정부에 빚을 떠넘깁니다.

법적 투쟁을 통해 그들의 가면을 벗기고 국민의 이익과 대기업의 이익 중에서 어느 한쪽을 선택하게 만들 수도 있습니다. 우리에겐 명확한 목표가 필요합니다. 우리는 정부가 단호히 대응하기를 원합니다. 미국 민주당 계열의 좌파와 페미니즘을 지향하는 신세대는 생태학적 '뉴딜'을 말합니다. 국민과 정부가 새로운 계약을 맺어야 합니다. 지구의 기온 상승폭을 1.5도 수준으로 유지하기 위해서 엄격한 조치들을 취

할 거라고 합니다. 가령, 프랑스만 봐도 에너지를 절약하기 위해 향후 10년간 100만 가구를 개보수할 예정이고 2030년까지 기차를 50퍼센트 더 늘리기로 했지요. 1인당 연간 육류 소비는 3분의 1까지 줄일 계획도 세웠습니다.[11]

제약이 많아지겠지만 이 제약이야말로 일종의 해방입니다. 생활양식의 근본적인 변화로 나아가는 겁니다. 기후위기로 세계가 전쟁과 권위적인 과두정치에 내몰리기를 원치 않는다면 이것만이 우리의 유일한 기회입니다. 이 기회는 양심적 여론과 부패하지 않고 깨어 있는 정부가 맺을 민주적 협약에서만 나올 수 있습니다. 우리는 갈 길이 아주 멉니다. 어쩌면 결코 도달하지 못할지도 모르지요. 그러나 절망할 바에야 정신 나간 희망을 품을 수밖에 없습니다. 낡아빠진 불가능 염불에 기죽지 맙시다. 바로 우리가 현실주의자입니다!

공포가 진영을 바꾸기를

우리는 지구의 권리가 보편 인권선언의 진정한 짝으로 자리매김하도록 최선을 다할 겁니다. 미래를 느린 그림으로 돌아가는 공포 영화처럼 묘사하는 과학자들의 말이 대중에게 와닿도록 최선을 다할 겁니다. 우리는 스웨덴 소녀 그레타 툰베리Greta Thunberg가 쏘아 올린 외침을 들었습니다. 툰베리는 세계의 모든 청소년에게 지구온난화에 대한 신속하고 강경한 대책을 촉구하며 매주 하루 학교 수업을 거부할 것을 호소했지요. "지구가 죽어버리면 지식도 소용없을 텐데 공부를 꼭 해야 합니까?" 툰베리는 순한 얼굴에 진중한 눈빛을 하고 있지요.

2019년 1월, 세계에서 가장 돈 많은 자들이 한데 모인 세계경제포럼에서 툰베리는 이렇게 말했습니다. "이곳 다보스도 어느 곳과 마찬가지로 돈 얘기밖에 하지 않습니다. 돈과 성장이 우리의 가장 중요한 문제인가 봅니다. 이곳 다보스에서도 사람들은 성공담을 좋아하네요. 그러나 돈을 많이 버는 성공은 지구에 상상할 수 없는 타격을 입힙니다." 탄소를 미친 듯이 배출하는 전용기를 타고 와서 다시 전용기를 타고 떠난 재계 거물들은 뭘 들었을까요? 그들은 경제 성장의 둔화가 훨씬 더 걱정스러웠던 것 같습니다.

이제 그쪽이 공포를 느껴야 합니다. 압박의 수위를 더 높여야 합니다. 툰베리의 메시지는 더 신랄해져야 하고 유럽 여러 나라에서 그런 인물이 계속 튀어나와야 합니다. 이미 벨기에, 스위스, 프랑스, 오스트레일리아에서 고교생들이 뭉치기 시작했습니다. 교사들도 깨어났습니다. 교사들은 이렇게 썼지요. "우리가 교실에서 너무 오랫동안 지속 가능한 개발을 가르쳐왔기 때문에 우리의 제자들은 세계 각국 정부가 이 사태를 심각하게 고려하고 우리 인간이 얼마든지 대처할 수 있다고 착각해왔습니다."

그러니 아이들에게 콜롬비아의 아트라토강, 펜실베이니아의 리틀매호닝강, 방글라데시의 투라그강을 비롯한 여러 하천을 구하고 권리를 부여하기 위해서 어떤 투쟁이 진행 중인지 가르쳐주고 얘기해줍시다. 그러면 아이들에게 우리나라의 론강을 보호해야겠다는 의욕을 불러일으킬 수도 있겠지요. 론강에서 헤엄치는 물고기들의 체내에 유기 오염 물질, 내분비계 교란 물질, '발암성' 물질이 잔뜩 쌓여 있어요. 이제 아이들도 모르고 살 수가 없습니다. 그들도 얼마 안 가 툰베리와 함께 외칠 겁니다. "나는 여러분의 희망을 원치 않습니다. 여러분이 겁에 질렸으면 좋겠습니다. 내가 매일같이 느끼는 공포를 여러분도 느꼈으면 좋겠습니다. 여러분이 행동했으면 좋겠습니다."

우리는 불복할 줄 압니다. 쓸모도 없는 공항을 건설하려는 무리들에 맞서 노트르담데랑드Notre-Dame-des-Landes를 구하기 위해 어떻게 저항했는지를 잊지 않았습니다. * 국가가 듣지

---

* 노트르담데랑드는 프랑스 서부 신공항 건설이 예정되었던 지역이다. 10여 년에 걸친 환경단체들의 강력한 저항 운동에 부딪혀 공항 건설 계획은 2018년에 결국 백지화되었다.

않으면, 기업들이 듣지 않으면, 판사들이 듣지 않으면, 우리는 다각적이고 전면적인 행동에 나서는 수밖에 없고 이미 그러한 상황에 있습니다. 우리는 삶의 우선순위와 일정을 바꿀 수 있을 겁니다.

우리는 누가 부를 차지하고 공해를 일으키는지 압니다. 우리는 그들의 이름을 알고 본사, 자회사 들의 이름도 압니다. 우리는 정확한 수치까지 파악하고 있습니다. 집중하면 적을 뚜렷이 지목할 수 있게 된다는 장점이 있네요. 우리는 폭력을 좋아하지 않습니다. 하지만 그들의 상품과 브랜드를 불매할 줄은 압니다. 우리는 그들의 권력 거점에서 시위를 벌일 겁니다. 우리는 그들의 철문에 매달릴 겁니다. 우리는 그들의 회의실 문 앞에서 고함을 지를 겁니다. 2016년 포Pau 오프쇼어 오일 앤드 가스 대표자회의에서 그랬던 것처럼요.*

하지만 이제 우리의 수는 더 늘어날 겁니다. 우리는 독일 함바흐의 나무를 보호하러 갈 겁니다. 유럽에서 가장 오래된 숲의 하나가 석탄업자들의 탐욕에 스러지는 꼴은 볼 수 없으니까요. 우리는 위협에 시달리는 모든 숲으로 갈 겁니다. 우리는 탈세를 일삼고 지구 파괴에 일조하는 은행의 본사와 계

---

* 2016년 4월에 프랑스 피레네산맥 인근 도시 포에서 석유·천연가스 거대 기업들이 MCE 심해 개발 콘퍼런스를 진행할 때 환경단체들이 강연 및 회의 장소였던 팔레보몽을 무단 점거하고 투쟁했던 사건을 가리킨다.

열사로 난동을 피우러 갈 겁니다. 지구를 더럽히는 자들의 앞길을 가로막고 드러누울 겁니다. 우리는 이름도 다양하고 어디에나 있으며 다양한 언어를 구사합니다. 우리는 국제적인 교란자들입니다. 우리는 반란에 돌입할 것이며 먼 곳까지 널리 퍼질 겁니다. 그들이 우리에게 꿈꿀 시간조차 남기지 않았으니 우리가 그들의 악몽이 되렵니다. 우리는 투쟁 위에 우리의 행복을 건설하겠습니다.

우리는 국제적인 교란자들입니다.

우리는 반란에 돌입할 것이며

먼 곳까지 널리 퍼질 겁니다.

그들이 우리에게

꿈꿀 시간조차 남기지 않았으니

우리가 그들의 악몽이 되렵니다.

우리는 투쟁 위에

우리의 행복을 건설하겠습니다.

우리 모두의 일 Notre Affaire à Tous

우리는 2015년에 설립되었습니다. 그해에 네덜란드에서 위르헨다 재단을 대표하는 886명의 시민은 국가를 상대로 제기한 소송에서 승소하여 네덜란드 정부가 온실가스 배출을 줄여야 한다는 판결을 얻어냈습니다(2018년 항소심에서도 위르헨다가 승소했습니다). 우리도 그렇습니다. 우리도 법을 지구를 보호하는 운동의 매개이자 도구로 삼기 위해 단체를 결성했습니다. 우리는 신생 단체지만 이미 활동가 회원이 300명을 넘어섰습니다.

우리는 단독으로 행동하지 않습니다. 더 강해지기 위해, 더 많은 사람이 움직이기 위해 유럽을 비롯한 세계 여러 나라의 10개 가구가 제기한 시민기후소송People's Climate Case에 참여해, 기후 문제에 아무런 대책을 세우지 않는 유럽의회 의원들을 성토하는 프랑스 가족들과 함께하고 있습니다.

우리는 오드주 13개 자치단체와 NGO 3개 단체와 손잡고 토탈 사에 기후변화에 대한 법적 책임을 묻습니다.

'세기의 사안'을 진행하면서 우리는 자연과 인간을 위한 재단, 그린피스 프랑스, 옥스팜 프랑스와 손잡게 되었습니다. 프랑스 정부가 온실가스 감축 목표를 좀 더 잘 준수하도록 압박하기 위해서입니다. 우리는 법정에 탄원하면서 판사들, 정부들, 공해의 주범들, 그리고 그들에게 돈을 대는 자들에게 국민이 우리를 대대적으로 지지하고 있음을 과시할 겁니다.

우리는 긴급한 환경 문제에 법률을 적용하는 캠페인을 벌이고 있습니다. 청년 운동 조직들과 함께 일종의 환경 헌법 제정을 호소하고 있습니다. 우리는 과학자, 법학자, 연구자, 투사, 시민 사이에 다리를 놓습니다.

우리는 프랑스에서 기후온난화 피해자들에 대한 정보를 모으기 위해 기후 저널리스트들의 집단에도 활기를 불어넣습니다.

우리는 함께함으로써 아주 큰 힘을 이루고 세상을 바꾸어 나갈 것입니다.

이 선언은 우리 단체의 설립자로 법학자이자 환경운동가인 마리 투생Marie Toussaint의 주도로 작성되었습니다.

우리에게 자료를 제공한 링크들을 모두 찾아보고 싶은 분, 우리 단체에 대해서 더 알아보고 힘을 실어주실 분은 https://notreaffaireatous.org를 참조해주십시오.

'세기의 사안' 탄원서에도 서명을 부탁드립니다. laffaire-dusiecle.net에서 참여하실 수 있습니다.

감사의 말

'우리 모두의 일' 창립을 함께한 쥘리앵 바유, 베아트리스 팽장, 왕드리유 쥐모, 뱅생 마들린, 잉그리드 메퉁, 사망타 노벨라, 마리 투생, 빅토르 보쿠아에게 고마움을 전합니다. 특히 발레리 카바네스에게 감사드립니다. 명예 공동의장 장 주젤과 빅토리아 바리강, 클로틸드 바토, 마린 칼메, 파스칼 뒤랑, 오로르 라뤼크, 라에티시아 리베르, 레앙드르 바리송, 행정위원들에게 감사드립니다. 자원봉사자 엠마, 폴, 파니, 마린, 앙투안, 클레르, 피에르, 세바스티앙, 클로틸드, 록산, 로라, 레오, 레아, 쥐스틴, 필리핀, 테오필, 셀리아, 사지바, 젤리, 쥘리, 그 외 많은 분들께 감사드립니다. 마리 포송에게도 감사드립니다.

크리스텔 쿠르닐, 에밀리 가이야르, 상드린 말장뒤부아, 로랑 네레, 얀 아길라, 미셸 프리외르, 프랑수아 라포르그, 바스티앵 프랑수아, 크리스티앙 위글로, 로라 카날리, 아르노

고스망에게 감사드립니다. 이 법학자들은 우리에게 사유의 길을 열어주었습니다. 비즈미네르부아, 아르쾨이, 바욘, 베글, 코랑스, 그랑드생트, 그르노블, 라포세시옹(라 레위니옹), 무앙사르투, 낭테르, 생퇴, 세브랑, 비트리르프랑수아의 지방자치단체장과 그랑파리 동부국토공동체에 감사드립니다. 이들은 공해의 주범들에 맞서는 첫 번째 기후정의 행동에 가담해주었습니다.

기후와 생물을 생각하는 단체들, 350.org, 네이처라이트, 블룸, ZEA 오션, 세르파, 아미 드 라 테르, 프랑스 나튀르 앙비론망, 정치생태학을 위한 재단, ANV-COP21, 알테르나티바, 자연과 인간을 위한 단체 그린피스, 옥스팜 프랑스와 이곳의 팀들, 체츠와 세실에게 감사드립니다. 시릴 디옹과 그의 협력자들에게 감사드립니다. '아직 시간이 있다Il est encore temps'와 '준비됐다On est prêt'에도 감사드립니다.

위르헨다의 영웅 로허르 콕스와 데니스 판 베르컬이 우리 편에 힘을 실어준 데 감사합니다. CAN 유럽, 게르트 윈터, 로다 베르헤옌을 비롯해 유럽에서 기후정의를 세우기 위해 노력하는 모든 이에게 감사드립니다. 콜롬비아 데주스티시아의 카밀라와 아워칠드런스트러스트Our Children's Trust의 줄리애너, 그레이엄, 엘리자베스에게 감사합니다. 인도 정부를 상대로 소송을 제기한 열 살 소녀 리드히마 판데이, 스위스의 안 마리, 그리고 벨기에, 영국, 아일랜드, 이탈리아, 캐나다, 오스트레일리아, 뉴질랜드에 있는 동지들에게 감사합니다.

클로드 앙리, 크리스토프 보뇌이, 카트린 라레르, 기욤 파뷔렐의 소중한 조언에 감사드립니다. 조사 업무를 맡아준 잉그리드 메르키, 바니나 델마스, 자드 랭가르, 오로르 사이유, 소피 샤펠, 마리 아스티에에게 감사합니다.

편집을 담당한 레나 모제, 주디트 페리뇽, 캉탱 리즈, 아멜리 당탕, 소주디프 출판사, MLP 그룹, 퀼튀르 프레스, 세드릭 베르니에, 페린 도바스에게 감사합니다.

모리스 페셰, 마갈리 뒤랑빌과 그들의 가족에게 특별한 마음을 전하고 싶습니다

주

1. 『화석연료주요생산자 데이터베이스 보고서*Carbon Majors Database Report*』, 2017.

2. 「미래 여름의 이상고온열파와 프랑스의 최고기온 기록 경신Future summer mega-heatwave and record-breaking temperatures in a warmer France climate」, 『환경연구*Environmental Research Letters*』, 2017.

3. 국제난민기구.

4. 『국가 및 국제 기후 조정 목표*Aligning national and international climate targets*』, Grantham Research institute on climate change and the environment, 2018.

5. 『탄소와 불평등: 교토에서 파리까지*Carbon and inequality: from Kyoto to Paris*』, Rapport Chancel-Piketty, 2015.

6. 『극단적 불평등과 이산화탄소 배출*Inégalités extrêmes et émissions de CO2*』, Oxfam international, 2015.

7. 『G7 화석연료 보조금 보고서*G7 fossil fuel subsidy scorecard*』, Overseas Development Institute, 2018.

8. 『프랑스 은행: 화석연료업계의 투자금 약탈*Banques françaises: les fossiles raflent la mise*』, Oxfam France, 2018.

9. 『탄소 거품 *La Bulle du carbone*』, les Verts européens, 2015.

10. 『글로벌 위트니스 레포트*Global Witness Report*』, 2018.

11. 『1.5도 상승과 양립 가능한 길에 어떻게 맞춰나갈 것인가*Comment s'aligner sur une trajectoire compatible avec les 1.5°C?*』, B&L évolution, 2018.

기후위기 속에서 새로운 세상을 꿈꾸자

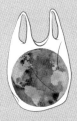

조천호

경희사이버대학교 기후변화 특임교수, 전 국립기상과학원장

인류가 유례없는 위업을 달성하고 지구를 지배하기 시작한 이 시점에, 바로 그렇기 때문에 우리 문명이 지속할 수 없다는 사실을 깨닫고 있습니다. 기후위기는 우리의 생존 기반을 무너뜨리는, 지금까지 인류가 경험했던 것과는 달리 회복할 수 없는 위험입니다. 자연 재난, 오염 먼지, 감염병, 금융위기 같은 여러 위기 중 하나가 아니라 그런 모든 위기를 압도하는 문명 위기입니다.

과거 위험은 홍수, 가뭄, 지진, 화산, 감염병처럼 우리 외부에서 일어났습니다. 인류는 방재 기술이나 보건 위생 등의 결핍으로 어려움을 겪었습니다. 선진 사회에서는 그러한 결핍을 채움으로써 위험에 대응해왔습니다. 반면에 기후위기, 생태계 파괴, 환경 파괴와 같은 현대의 위험은 인류의 필요와 욕망을 채워준 산업 기술의 진보가 초래할 수밖에 없는 위험입니다. 결국, 현대의 위험은 자연 자체가 아니라 자연을 지배하려는 인류 문명에서 비롯합니다.

문명 위기가 기후위기를 일으키고 기후위기가 다시 문명 위기를 일으킵니다. 우리의 욕망이 자연의 흐름을 넘어섰고 이는 더 지속할 수 없습니다. 지금 이대로라면 인류가 생존할 수 있는 지구의 여건이 우리 욕망보다 먼저 고갈될 것입니다. 우리가 이 세상을 바꾸지 않는다면, 지구가 기후위기로 이 세상을 끝장낼 것입니다.

기후위기는 우리 문명 자체의 위기이기에 지금 체계에서 일부를 고친다고 해결되지 않습니다. 세상을 바꾸어야 해결할 수 있는 문제입니다. 미래 세상은 미리 주어진 조건이 아닙니다. 기후위기는 우리가 만든 세상에서 일어난 일이므로 우리가 이 세상을 바꾸면 됩니다.

'큰 지구의 작은 세상'에서 '작은 지구의 큰 세상'으로

인류 문명은 1만 2000년 전 새롭게 시작된 지질시대인 홀로세의 안정한 기후 조건에 맞추어져 있습니다. 세계 인구 78억 명을 먹여 살리고 현대사회를 지탱해줄 수 있는 유일한 상태가 홀로세입니다. 얼마 전까지 지구라는 '큰 행성'에서 인류가 이룬 '작은 세상'은 별 탈 없이 유지될 수 있었습니다. 지난 수천 년 동안 인류는 지구에 상처를 냈지만, 지구는 아주 커서 원래대로 되돌아올 수 있었습니다. 이제 우리는 '큰 행성의 작은 세상'에서 '작은 행성의 큰 세상'에 들어섰습니다.

제2차 세계대전 이후 인구 증가와 함께 사회와 경제가 폭발적으로 커지는, 이른바 '거대한 가속Great Acceleration'이 일어났습니다. 1만 2000년 전에 약 400만 명이었던 전 세계 인구가 화석연료를 본격적으로 사용하기 시작했던 1800년경에는 10억 명, 그리고 현재 78억 명으로 증가했습니다. 1950년경 전 세계 인구 절반이 기아에 시달렸지만, 지금은 인구 약 10퍼센트만이 기아에 허덕이고 있습니다. 더 많은 사람이 더 풍요로워졌습니다.

이 모든 발전은 인간의 두뇌와 근육만으로 이루어지지 않았습니다. 1950~2010년 동안 전 세계 인구는 세 배, 실질 GDP는 일곱 배 증가했고 이에 따라 에너지 사용량은 네 배, 담수 사용량은 세 배 이상, 비료 사용량은 열 배 이상 불어났습니다.

세계 인구는 매년 8000만 명이 증가하므로 매일 22만 명분의 음식이 더 필요합니다. 세계 경제는 매년 3퍼센트씩 성장합니다. 이렇게 23년이 지나면 경제 규모가 두 배가 됩니다. 규모가 작으면 두 배로 커져도 별 영향이 없습니다. 하지만 규모가 큰 경제가 두 배로 커지고 오래지 않아 또다시 두 배로 커지면 지구에는 극적 변화가 일어납니다. 연못에 수련 잎이 하나 있다가 매일 두 배씩 새로 생겨 30일 뒤 연못이 수련 잎으로 가득 덮인다고 합시다. 수련이 연못 절반을 뒤덮을 때까지 29일이 걸리지만, 그다음 날에는 연못 전체를 뒤덮게 됩니다. 미리 제한하지 않으면 마지막 단계에서는 손쓸수 있는 시간이 없습니다. 성장이 빠를수록 한계에 부딪히는시간도 그만큼 빠르고 그에 따른 부작용도 커집니다.

지속해서 성장하는 경제는 지속해서 팽창하는 풍선과 같은 행성이 필요합니다. 그러나 그런 행성은 풍선처럼 언젠가는 터져버릴 위험을 안고 있습니다. 앞으로 기술혁신에 힘입어 기후위기를 극복해 계속 성장할 수 있을 것이라 여긴다면 그것은 망상에 불과합니다. 유한한 지구에서 무한한 성장은 불가능하기 때문입니다.

변화 크기보다 변화 속도

지구 역사에서 기후변화는 늘 있었습니다. 인간이 없었던 시절에도 지구는 뜨거워지기도 차가워지기도 했었습니다. 신생대에서 가장 기온이 높았던 5660만 년 전인 팔레오세-에오세 최대 온난기 동안에는 지구 평균기온이 지금보다 15도

가량 더 뜨거웠습니다. 빙기 때에는 지금보다 최대 5도 더 차가웠고요.

지난 100만 년 동안에는 빙기와 간빙기가 10만 년 주기로 반복됐습니다. 이는 인간이 일으킨 100년 동안의 변화와는 달리 10만 년에 걸쳐 일어난 변화이기에 자연스럽습니다. 지난 2만 년 전 마지막 빙하 최대 확장기에서 1만 년 전 간빙기까지 대기 중 이산화탄소 농도는 0.02퍼센트에서 0.03퍼센트로 증가했습니다. 이때 지구 평균기온이 약 4도 상승했는데 자연적으로 일어난 빠른 변화였습니다. 지난 100년 동안은 이산화탄소 농도가 0.01퍼센트 더 증가하여 현재 0.04퍼센트에 달했고 기온은 1도 더 상승했습니다. 이처럼 인간에 의한 지구 가열 속도는 자연보다 스무 배 이상이나 빠릅니다. 기후위기의 모든 것은 변화 크기보다 변화 속도에 달렸습니다.

지구 가열 속도가 빨라짐에 따라 생태계가 망가지는 속도도 빨라집니다. 마치 젠가 게임의 벽돌 빼내기처럼 약한 생명이 생태계에서 하나씩 빠져나가고 있습니다. 아직 전체 생태계가 유지되므로 별일 없어 보입니다. 그러나 지금 생태계는 듬성듬성 쌓여 있는 젠가와도 같습니다. 없어도 될 것 같은 블록 하나를 빼내는 순간 젠가 전체가 무너질 것입니다. 마찬가지로 어느 생명이 멸종되는 순간 전체 생태계가 무너질 수 있습니다. 지난 5억 4000만 년 동안 다섯 번의 대멸종 사건이 있었습니다. 당시 먹이사슬의 최정점에 있었던 생명체는 생태계 전체에 생존을 의지했기 때문에 완전히 멸종했습니다. 여섯 번째 대멸종의 대상은 인류가 될 것입니다. 인류 스스로 기후위기를 통해 인류 멸종을 향해 다가가고 있습니다.

돌발적인 기후위기

온실가스는 매우 적은 양의 변화로도 지구 전체를 가열시키는 지구 환경의 급소입니다. 인류가 증가시킨 온실가스로 인해 1초마다 히로시마 원자폭탄 다섯 개의 폭발 에너지, 즉 하루 동안 약 40만 개의 원폭 에너지가 대기에 방출됩니다. 하지만 그 에너지 양에 비해서는 기온 상승 폭이 크지 않습니다. 이 에너지는 바다에 90퍼센트, 육지와 빙하에 8퍼센트 정도 흡수되고 대기에는 2퍼센트만 남기 때문입니다. 바다는 대기보다 지속성이 커서 일단 바다에 변화가 일어나면 대응하기 어렵습니다.

기온 상승은 지구가 열병을 앓고 있음을 나타내는 지수입니다. 체온이 몸 상태를 나타내는 지수인 것과 마찬가지입니다. 정상에서 1도를 넘으면 몸에 이상을 감지하고 1.5도를 넘으면 아파 누워 있어야 합니다. 3도를 넘으면 죽음에 이르게 될 수도 있습니다.

오늘날 지구 평균기온 1도 상승으로도 기후위기를 감지할 수 있습니다. 일시적이고 곳에 따라 발생하는 극단적인 날씨에는 이미 인간의 흔적이 담겨 있습니다. 자연적인 요인만으로 일어나지 않는다는 말입니다. 지금보다 0.5도 더 높아져 1.5도 이상으로 상승하면, 극단적인 날씨 현상이 언제나 세계 모든 곳에서 발생하게 됩니다. 2도 이상 상승하면 지난 1만 2000년 동안 유지되었던 안정한 기후에서 벗어납니다.

온실가스는 수십 년에서 수천 년 동안 공기 중에 남아 있어 그 가열 효과가 누적됩니다. 지구는 지속적이고 강력해지는 충격으로 속이 멍들고 있습니다. 화를 꾹꾹 누르고 있는 상황에서 사소한 말 한마디가 더해지면 쌓였던 분노가 한꺼번에 폭발할 수 있습니다. 이처럼 온실가스 증가라는 충격이 계속 누적되면, 어느 순간 기후계 균형이 무너지는 돌발적인 변화가 일어납니다. 이후에는 자연 스스로 위험이 증폭되어 회복할 수 없습니다. 지구는 인간이 온실가스를 배출하는 것과는 상관없이 기후위기를 스스로 증폭시키는 '양의 되먹임 positive feedback'에 빠지기 때문입니다.

기후변화에 관한 정부간 협의체IPCC는 20년 전부터 급변을 일으킬 뿐 아니라 회복할 수 없게 되는 기후 티핑 포인트 tipping point를 고려했습니다. 당시 지구 평균기온이 산업화 이전보다 4~5도 이상 상승할 때 티핑 포인트가 발생할 것으로 전망했습니다. 이후 기후위기가 더 빨라지고 더 강해지고 더 명확해졌습니다. 2018년 인천에서 열렸던 IPCC 총회에 모인 기후과학자들은 지구 평균기온이 1~2도 상승해도 돌발적인 기후위기가 일어날 가능성이 있다고 경고했습니다. 이미 기온이 1도 상승한 상황입니다.

기후위기가 사회 불안정을 일으킨다

깨끗한 공기, 마실 수 있는 물, 적절한 식량, 안락한 거주지는 우리의 생존 기반입니다. 지구 가열로 지구 조절 시스템이 불안정해지면 기후가 변덕스럽고 혹독한 상태가 될 뿐만 아니라 해수면 상승, 해양 산성화, 물 부족, 식량 생산 감소, 생물 다양성 파괴, 전염병 확산 등이 급격하게 심화됩니다. 결국 우리 생존 기반이 무너지는 것입니다. 생존이 절박한 위기에 처한다면 경제와 사회적인 편익은 조금 힘들더라도 제한하거나 심지어 포기하는 것도 가능합니다. 그러나 공기, 물, 식량, 거주지는 생존하기 위해 포기할 수 없습니다.

식량 생산은 기온과 강수량에 의존하기 때문에 기후위기에 취약합니다. 인류가 가장 밀집되어 사는 지역의 평균기온은 13도이며 그 범위는 11~15도입니다. 이 좁은 기온 범위에서만 식량을 풍부하게 생산할 수 있기 때문입니다. 그러나 기후위기가 이 최적 기온의 범위를 벗어나게 해 생존 기반을 흔들어놓을 것입니다. 기온이 1.5도 상승하면 거주지를 잃고 난민이 될 가능성이 있는 사람이 9100만 명, 2도 상승하면 6억 8000만 명, 3도 상승하면 13억 5700만 명에 달할 것으로 전망합니다.

오늘날 이미 기후 난민이 발생하고 있습니다. 그중 시리아 난민의 문제는 2010년 러시아 가뭄에서 시작했습니다. 당시 밀 수출국인 러시아는 밀 생산량이 줄어들자 수출을 중단했습니다. 곧 세계적으로 곡물 가격이 폭등했지요. 가난한 사람들은 수입 대부분을 식량 사는 데 쓰기 때문에 곡물 가격이 조금만 올라도 생존을 위협받습니다. 2007년부터 이미 가뭄으로 고통을 겪고 있던 시리아에서 밀가루 가격 폭등으로 폭동이 일어났고 이어 내전으로 치달았습니다. 결국 그곳에서 살 수 없게 된 시리아 사람들이 난민이 되어 유럽을 향하게 되었습니다. 유럽 국가들은 피부색도, 언어도, 종교도 다른 이 난민을 안보 문제로 다룹니다. 난민을 수용하지 않겠다는 것이 영국 브렉시트의 주요 원인 중 하나일 정도입니다.

러시아 가뭄이 공간적으로 멀리 떨어진 시리아에서 내전을 불러일으켰고, 시간상으로 멀리 떨어진 오늘날까지도 전 세계에 난민 문제를 일으키고 있습니다. 시리아 난민은 약 400만 명에 달합니다. 앞으로 기후위기로 발생할 난민에 비한다면 매우 적은 숫자이지만 국제사회는 현재 이 문제조차 해결할 능력이 없습니다.

우리는 이미 답을 알고 있다

1989년부터 유엔에서 기후위기 논의가 시작되었습니다. 그 후 IPCC에 참여한 전 세계 기후과학자 모두가 인간 활동으로 기후위기가 일어난다고 동의한 것은 2001년이었습니다. 그때까지만 해도 시간은 우리 편이었습니다. 그러나 이제 파리기후변화협약에 따른 각국의 온실가스 저감 계획이 완전히 수행된다고 해도 이번 세기말에 기온은 3도 이상 상승해 인류는 파국적 혼돈에 빠질 것으로 전망합니다.

기온 상승을 2도 이내로 억제하려면 2030년까지 이산화탄소 배출량을 2010년보다 25퍼센트 줄여야 하고, 2070년에는 순 배출 제로net zero에 도달해야 합니다. 순 배출 제로는 이산화탄소의 인위적 배출량이 인위적 흡수량과 균형을 이

루는 것을 의미합니다. 기온 상승을 1.5도로 제한하려면, 이산화탄소 배출량을 2030년까지 2010년 대비 45퍼센트로 줄여야 하며, 2050년에는 순 배출 제로를 달성해야 합니다.

기온 상승을 1.5도 이하로 막기 위해 20년 전부터 이산화탄소를 꾸준히 감소시켰다면, 전년 대비 매년 4퍼센트 정도씩 줄이면 됐습니다. 그러나 그후 세계는 오히려 온실가스 배출량을 증가시켜왔습니다. 우리는 과학을 무시했고 그로인해 합리적 선택을 외면했습니다. 지금부터 감축을 시작하면 전년 대비로 매년 15퍼센트씩은 줄여야 2050년에 비로소 이산화탄소 순 배출량이 제로가 됩니다. 1998년 외환위기때, 우리나라는 산업 위축으로 이산화탄소 배출량이 약 15퍼센트 줄었습니다. 즉 기후위기를 막으려면 전 세계가 우리나라 외환위기 때와 같은 수준의 충격을 극복해내야 합니다. 우리는 미끄럼 타듯 편하게 줄일 기회가 있었지만, 그 기회를 다 날려버렸습니다. 이젠 롤러코스터의 하강 경사면처럼 급격하게 줄여야 합니다. 이 대응조차도 하지 않으면 곧 절벽에서 떨어지는 것만 남았습니다.

현재의 온실가스 배출 수준을 유지하면 2040년경에 지구 평균기온 상승 폭이 1.5도를 넘을 것으로 전망합니다. 기후위기로 인한 파국적 상황이 염려하지 않아도 될 먼 훗날까지 지연되는 것이 아닙니다. 바로 우리, 우리 아이들, 그리고 다음 세대 아이들은 지금 우리가 만들어놓은 위험에 빠지게 됩니다.

온실가스 배출 후 기후위기는 10년에서 수십 년 지연되어 나타납니다. 우리가 저지른 행동의 결과가 늦게 확인되는 것입니다. 확실함은 위기가 드러난 다음에야 알 수 있습니다. 마침내 기후위기가 닥쳐와 우리가 그 재앙을 피할 방법을 알고 싶어졌을 때, 그 답은 이미 알고 있었음을 깨달을 것입니다. 그러나 답을 알아도 그때가 되면 아무런 도움이 되지 않습니다.

기후위기는 공정함의 문제다

우리는 유일한 행성인 지구를 공유하지만, 지구 가열은 우리를 더욱더 나누려고 합니다. 세상이 공정하지 않기에 기후 불평등이 더 강력하게 작동하기 때문입니다.

기후위기는 전 지구의 위기이지만 그 피해는 약한 쪽에서 입기 시작합니다. 각 집단에 끼치는 영향이 다를 뿐만 아니라 이에 대응하는 수단도 각 집단에 따라 크게 차이가 납니다. 기후위기로 타격을 입었을 때 소득과 자산의 손실 비율이 가난한 사람이 부유한 사람보다 더 큽니다. 부유한 사람은 기후위기에서 피해 갈 수 있지만, 가난한 사람은 피할 수 없기에 속수무책으로 당하고, 이 때문에 더 가난해지는 빈곤의 덫에 갇히게 됩니다.

전 지구적인 문제에는 전 세계적인 해결책이 필요합니다. 그렇다고 기후위기 책임이 모두에게 있다는 것은 아닙니다. 불평등은 기후위기의 강력한 공범입니다. 부유한 나라와 부유한 사람들은 잘살기 위해 온실가스를 많이 배출해왔습니다. 반면 가난한 나라와 가난한 사람들은 온실가스 배출 책임에서 상대적으로 가볍지만, 기후위기에는 더 쉽게 노출되어 먼저 그리고 가장 큰 고통을 받습니다.

전 세계 인구의 10퍼센트를 차지하는 부유층이 온실가스의 52퍼센트를 배출하는 반면, 50퍼센트에 해당하는 가난한 사람들은 7퍼센트만 배출합니다. 가장 부유한 1퍼센트는 소득 하위 10퍼센트에 해당하는 사람보다 175배 더 많은 온실가스를 뿜어냅니다. 전 세계 온실가스의 80퍼센트는 우리나라가 포함된 주요 20개국G20이 배출하지만, 전체 기후 피해의 약 75퍼센트가 가난한 나라에서 발생합니다.

기후위기는 세대 간에도 불평등한 영향을 미칩니다. 기후위험에 빠지지 않으려면, 지금 어린 세대는 이전 세대와 달리 이산화탄소를 사치스럽게 배출할 수 없습니다. 지구 평균기온 상승 폭을 1.5도 이하로 제한한다는 목표를 달성하려면, 허용 가능한 배출량이 이미 대부분 소진되었기 때문입니다. 어린이와 청소년(1997~2012년생)은 그들의 조부모(1946~64년생)가 먹고 쓰고 누리기 위해 배출한 양에 비해 단지 6분의 1 정도의 이산화탄소만을 배출할 수 있을 뿐입니다.

이뿐만이 아닙니다. 온실가스는 배출 후 바로 사라지지 않고 대기 중에 남아 누적되므로 기후위기가 계속 악화됩니다. 다음 세대는 이전 세대가 배출한 온실가스로 인한 기후위기를 고스란히 감당해야 합니다.

기후위기는 누가, 어디서, 언제, 얼마나 많은 온실가스를 배출했는지에 상관없이 그 피해가 다른 지역에서, 다른 세대에게 일어납니다. 원인 유발자와, 피해를 보고 위험을 극복해야만 하는 사후 처리자가 같지 않습니다. 기후위기에 대응하지 않는 것은 정의롭지 않은 것입니다.

불평등 사회에서 온실가스 배출로 이익을 얻는 부유 계층은 문제의 심각성을 깨닫지 못합니다. 소수의 단기적 이익을 위해 모두의 장기적 이익이 무시되고 있습니다. 기후위기에 대응하기 위해서는 온실가스를 더 배출한 사람이 책임을 더 지는 공정함이 절실합니다. 현재 의사결정자의 무책임이 미래 기후 위험을 발생시키지만, 미래 세대는 의사결정에 참여할 수 없습니다. 청년, 청소년, 어린이에게 기후위기의 진상을 정확히 알리고 그들이 우리에게 뭐라고 말하는지를 들어야 합니다. 그것이 우리가 가야 할 길입니다.

우리가 모두 참여해야 하는 기후위기 대응

기후위기는 온실가스 증가로 일어난 과학 문제이지만 산업 혁명에서 시작한 정치, 경제, 사회 문제이기도 합니다.

우리 사회의 의사결정에 영향을 미치는 주류층 대부분은 경제성장을 통해 사람들이 원하는 것을 얻어야 행복해진다고 주장합니다. 실업이나 빈곤 심지어 환경 문제까지 우리가 당면한 대부분의 문제를 해결하려면 경제성장을 해야 한다고 합니다. 높아지는 파도가 모든 배를 밀어 올리듯 경제성장이 모든 문제를 해결할 것이라 합니다.

그동안 우리는 성장을 최우선 가치로 삼고 다른 소중한 것들은 비용이라고 여기며 살아왔습니다. 이제 소비는 실질적 수요를 맞춰주던 단계에서 더 나아가 수요를 창출하고 촉진하는 수준까지 발전했습니다. 결국, 성장은 더 많은 물질을 욕망하고 축적하기 위해서 필요한 것입니다.

성장은 엄청난 양의 자연 자원과 에너지를 빨아들이고, 엄청난 양의 온실가스, 오염 먼지와 폐기물을 쏟아냅니다. 인간의 무한한 욕망을 유한한 지구가 더는 감당할 수 없습니다. 지구가 몸부림치면서 자연재해로 신호를 보내는 와중에도 우리는 끝없는 성장만을 추구합니다.

기후위기는 대량 생산, 대량 소비와 대량 폐기가 더 지속할 수 없다는 것을 깨우쳐줍니다. 이미 전 세계 78억 명에게 필요한 식량과 생필품을 과잉 생산하고 있습니다. 버려지는 음식물과 쌓이는 쓰레기 더미를 보면서도 세상의 온갖 문제가 어떻게 성장을 하지 못해 일어난 결핍 때문이라고 주장할 수 있습니까? 필요한 것이 결핍되었다면, 우리 공동체가 서로 돌보고 아끼고 나누는 일을 하지 않고 있다는 것을 의미할 뿐입니다.

과잉 소비 사회에서 경제성장은 사람들이 결핍으로 불만스러울 때만 지속할 수 있습니다. 불행이 성장을 유지시키므로 성장은 행복을 만들어내지 못합니다. 성장이 된다 해도 빈부 격차의 심화와 부의 세습으로 우리 대부분은 언제나 결핍 상태에 놓여 있게 됩니다.

이 부조리는 욕망으로 감추어진 채, 성장 바깥에 있는 체계는 죽음뿐이라 여기며 끝없이 내달리고 있습니다. 그러나 파멸은 체계 바깥이 아니라 체계 안에 있습니다. 생존은 이 체계를 긍정하지 않고, 부수고 바깥으로 나가는 데서만 가능합니다.

우리가 기후위기에 제대로 대응하지 못하는 것은 권력 주체들이 쳐놓은 족쇄에 매여 있기 때문입니다. 기후위기에서 진짜 위험은 권력의 주체들이 세상을 바꾸고자 하는 정치적 의지가 없다는 데 있습니다. 깨어 있는 시민들이 연대하여 한 목소리로 변화를 요구해야 합니다. 그렇지 않으면 정치인들은 자기가 하고 싶은, 가능한 일만을 하려 할 것입니다. 기후위기 시대의 정치는 불가능한 것을 실현하는 것이 되어야 합니다. 기존 정치 체계가 짜놓은 정치적으로 불가능한 것을 정치적으로 가능하게 만들어야 합니다.

절망적인 미래와 희망적인 미래 사이에 정치가 놓여 있습니다. 기후위기를 함께 인식하고 민주적 논의와 합의에 함께 참여하며 관련 제도를 만들고 집행함으로써 올바른 정치를 구현하게 될 것입니다. 병든 세상을 인식하더라도 함께 연대하지 않는다면 망해가는 세상을 구할 수 없습니다.

최악의 상황에서 최선의 길을 찾다

인류는 기후에 큰 영향을 줄 수 있지만, 기후를 통제할 수는 없습니다. 기후위기가 닥치면 자연만을 통제할 수 없는 게 아닙니다. 정치, 경제와 사회도 급속하고 심각한 변화와 불확실성에 내몰려 통제할 수 없게 됩니다.

모든 것을 바꾸어놓을 것입니다. 기후위기보다 인류에게 더 제한을 가하는 지배적인 조건은 없기 때문입니다. 저렴하게 만들어놓은 환경, 자원과 노동에서나 제대로 작동하는 자본주의 착취는 더 지속할 수 없습니다. 뒤틀리고 짓밟힌 우리 공동체를 치유할 수 있는 계기가 있다면 그것은 기후위기입니다. 기후위기가 영향을 미치는 대기, 물, 생태는 모든 사람이 누릴 권리를 가진 공공재이며 현재와 미래 모든 사람의 공유재입니다. 자원이 순환되고 에너지가 재생되는 체계에서만 우리는 생존할 수 있습니다.

기후위기에 대응하지 않는다면, 지구는 우리를 제거하고 새로운 판을 벌이게 될 것입니다. 이미 지난 수억 년 동안 지구는 인간 없이도 생명을 풍요롭게 하기도 하고 멸종시키기도 했습니다. 우리는 알아야 합니다. 문제는 우리가 지구를 구하는 것이 아니라 우리 자신을 구해야 한다는 것입니다. 인간의 무한한 욕망이 지구의 유한함을 넘어서는 순간 지구는 인류를 없애버릴 것입니다. 우리는 지구에 의존적이지만, 지구는 우리에게 의존해야 할 이유가 없습니다.

미래 기후는 자연이 결정하는 것이 아닙니다. 인간이 어떤 세상을 만드느냐에 달려 있습니다. 기후위기로 인한 인류 파멸이 우리의 운명이 되어서는 안 됩니다. 현재 세계는 과거부터 인류가 선택한 것들이 쌓여서 만들어졌습니다. 마찬가지로 미래 세계 역시 현재 우리가 선택하는 것들이 축적되어 이루어질 것입니다. 그렇다면 '어떤 미래가 될까?'를 걱정할 것이 아니라 '어떤 미래를 만들어야 하는가?'를 자문해야 합니다.

우리는 살아 있는 지구에서 태어나 돌봄과 나눔의 공동체에서 자라야 합니다. 죽어가는 지구와 붕괴한 공동체에서 인류는 지속할 수 없으며 그런 곳에서는 생존해야 할 이유도 없습니다. 이 세상 모든 아이는 풍요롭고 회복력이 있는 지구를 상속받을 권리가 있습니다. 기후위기에 제대로 대응하지 않는 것은 미래 세대의 권리를 짓밟는 것입니다.

우리는 기후위기를 처음 인식한 세대이자 그 위기를 막을 수 있는 마지막 세대입니다. 위험한 사건이 지금 당장 일어나지 않는다고 해서 대책 수립과 실행을 나중으로 미루어서는 안 됩니다. 과학적 인식을 토대로 지금 당장 행동해야 합니다.

* 이 글은 '변화를 꿈꾸는 과학기술인 네트워크(ESC)'가 2019년 '기후위기 비상행동'에서 발표한 「기후위기의 과학적 사실」을 수정, 보완한 것이다.

오늘, 기후위기에 맞선 담대한 행동을 시작합니다
－지금 말하고, 당장 행동하라

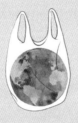

기후위기 비상행동

우리 공동의 집이 불타고 있습니다. 지금은 비상 상황입니다. 과학자들은 말합니다. 지구온도 상승이 1.5도를 넘어설 때, 돌이킬 수 없는 재앙이 시작된다고 합니다. 남은 온도는 0.5도. 지금처럼 화석연료를 사용한다면 남은 시간은 10년에 불과합니다. 폭염과 혹한, 산불과 태풍, 생태계 붕괴와 식량 위기. 기후재난은 이미 시작되었습니다. 10년의 향방을 결정하는 각국의 계획이 2020년이면 유엔에 제출됩니다. 우리의 미래를 결정할 시간이 고작 1년 반 남았습니다.

시험 기간은 내년 말, 벼락치기는 통하지 않습니다. 하지만 시험지를 앞에 둔 이들은 지금 어떻습니까? 정부와 기업, 국회와 언론은 이미 알고 있는 해답을 외면합니다. 경제성장률이 조금만 내려가도 호들갑스럽던 그들은, 한 번도 꺾인 적 없는 이산화탄소에는 너무나도 태연합니다. 온실가스를 줄이는 일은 무기한 유보해도 되는 것으로 여깁니다. 우리는 묻습니다. 성장과 이윤, 생존과 안전, 과연 무엇이 우리 삶에 중요한 가치입니까?

우리는 모두 연결되어 있습니다. 빙하 위 북극곰과 아스팔트 위 노동자는, 기후위기 앞에 서로 다르지 않습니다. 뜨거워지는 지구에서 수많은 생물들이 사라지고 있습니다. 바닷물이 차오르는 섬나라 주민들은 난민이 되어 고향을 떠납니다. 하지만 우리 모두가 멸종위기종이고 난민입니다. 뜨거워지는 온도 속으로 지구라는 섬이 잠길 때, 이곳을 떠나 우리가 도망칠 곳은 없기 때문입니다.

이제 기후위기를 넘어 기후행동입니다. 청소년들이 앞장서고 있습니다. 태어나자마자 눈앞에 마주한 것은, 불에 타 언제 쓰러질지 모를 하나뿐인 집입니다. '도대체 이 지경이 되도록 무엇을 한 것이냐'고 묻습니다. 하지만 슬픔과 두려움을 딛고 행동하고 있습니다. 우리 모두가 당사자입니다. 유엔 기후정상회의에 맞춰 세계 각지의 시민들이 기후행동을 시작했습니다. 그리고 우리는, 지금 여기에 모였습니다.

우리는 선언합니다. 지금 우리는 기후위기의 진실을 알고 있습니다. 지구의 모든 생명들이 위기에 처해 있습니다. 이 진실을 직면하고자 합니다. 그럴 때만이 변화가 가능하기 때문입니다. 현재의 정치와 경제 시스템은 기후위기 앞에 참으로 무기력합니다. 지금이야말로 바로 비상 상황임을 선언합니다.

우리는 선언합니다. 성장이 아니라 정의, 이윤이 아니라 생존이 우선입니다. 기후위기는 우리에게 묻습니다. 과연 어떤 삶이 올바른 삶인지, 과연 어떤 선택이 생명을 살리는 길인지를 묻습니다. 손 놓고 재앙을 재촉할지, 아니면 잘못된 시스템에 맞서 싸울지, 지금 선택해야 합니다. 끊임없는 경제성장, 욕망의 무한 충족은 불가능합니다. 인류의 생존과 지구의 안전 따위는 아랑곳없이, 화석연료를 펑펑 써대는 잘못된 시스템을 바꿔야 합니다.

우리는 선언합니다. 지금 필요한 것은 기후정의입니다. 지구의 울음과 가난한 이들의 울음은 하나입니다. 기후위기에 책임이 없는 가장 약한 생명이, 가장 먼저 쓰러지고 있습니다. 기후위기는 정의와 인권의 위기입니다. 온실가스를 뿜어대는 기업, 이를 방관하고 편드는 정부, 눈앞의 이익에 매몰된 정치권, 진실에 무관심한 언론. 이제 이들이 마땅한 책임을 저야 합니다.

우리는 선언합니다. 멈추지 않고 담대하게 행동할 것입니다. 전 세계 시민들의 행동은 하나입니다. 그레타 툰베리는 먼 항해로 대서양을 가로질렀습니다. 우리도 아직 가지 않은 길, 멀지만 꼭 가야 할 여정을 지금 시작합니다.

이제 정부가 응답할 때입니다. 첫째, 기후위기의 진실을 인정하고 비상 상황을 선포하십시오. 이미 전 세계 10여 개 국가와 1000여 개 도시가 비상 선포를 실시했습니다. 지금 은 우리의 생존을 위해 총력을 기울일 때입니다. 둘째, 온실 가스 배출 제로 계획을 수립하고, 기후정의에 입각한 대응을 시작하십시오. 석탄 발전 중지, 내연기관차 금지, 재생에너 지 확대, 농축산업과 먹거리의 전환 등 배출 제로를 향한 과 감한 정책이 필요합니다. 셋째, 기후위기에 맞설 범국가기구 를 설치하십시오. 비상 상황에 걸맞은 과감한 정책을 추진할 기구가 필요합니다.

역사의 어느 순간에서건 시민들이 먼저였습니다. 노예제 와 인종차별, 노동착취와 성차별, 그리고 생물종차별까지, 이 모든 문제의 진실을 대면하고 시민들이 함께 행동할 때,

상식처럼 여기던 견고한 구조는 무너졌습니다. 오늘의 행동은, 아직 가보지 않은 길을 걷는 첫 걸음입니다. 이 걸음이 기후위기를 넘어 새로운 사회로 이끌 것이라는 희망, 바로 오늘의 행동이 그 희망의 시작입니다.

기후위기 진실을 직시하라!
기후위기 비상 상황 선포하라!
온실가스 배출 제로 추진하라!
지금당장 기후정의 실현하라!

2019년 9월 21일
기후위기 비상행동 참가자 일동

* '기후위기 비상행동'은 한국의 시민, 청소년, 인권, 노동, 과학, 농민, 환경, 에너지, 종교, 정당 등 사회 각계각층의 330개 단체와 시민들로 구성된 기후운동 기구이다. 2019년 7월 결성 이후 다양한 캠페인과 기후행동을 펼치고 있으며, 국가 차원의 기후위기 대응책을 촉구하고 있다. 「9.21 기후위기비상행동 선언문」은 2019년 9월 국제기후파업 주간에 대규모 대중집회를 열었을 당시에 발표한 것이다.

기후정의선언

우리는 실패할 권리가 없습니다

1판 1쇄 발행 2020년 11월 5일

지은이 우리 모두의 일
옮긴이 이세진
펴낸이 김미정
편집 김미정, 박기효
디자인 표지 박진범, 본문 김명선

펴낸곳 마농지
등록 2019년 3월 5일 제2019-000024호
주소 (02724) 서울시 성북구 길음로 74, 510동 1301호
전화 070-8223-0109
팩스 0504-036-4309
이메일 shbird2@empas.com

ISBN 979-11-968301-6-8 03330

• 책값은 뒤표지에 있습니다.
• 잘못된 책은 바꾸어드립니다.